# PLACE AU PEUPLE,

PAR

## GUSTAVE DUBOIS.

RÉPONSE

A

# PLACE AU DROIT,

DE

## M. LE Vte D'ARLINCOURT.

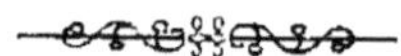

Quand un écrivain veut, par ses écrits, essayer de renverser un gouvernement, c'est un droit, un devoir à tout honnête homme de vouloir, de son côté, affaiblir, s'il ne peut détruire l'effet de tels écrits.

La royauté ne vécut en France que tant qu'elle put, soit par sa force, soit par son prestige, imposer au peuple qu'elle tenait enchaîné. Quand le peuple brisa ses chaînes, la royauté succomba. Et si elle survécut quelques instants, c'est que les Français voulaient éprouver si elle deviendrait plus juste après avoir reçu le châtiment dû à la tyrannie. Mais ils virent que chaque roi ressemblait au chien qui lâche sa proie pour l'ombre, et aujourd'hui ils n'en veulent plus. Ils ne seront plus les grenouilles de La Fontaine.

La République est le gouvernement de tous par tous et pour tous. Les sciences, les industries et les arts y sont représentés. Tous peuvent être défendus dans leurs intérêts. La richesse et la pauvreté s'y trouvent confondues. Chacune peut défendre ses droits. Et qu'est-ce qu'un gouvernement, sinon la science, l'industrie, les arts, la richesse et même la pauvreté ?

La Royauté ne représentant le pays que par son côté riche et la République le représentant par toutes ses faces, ce dernier gouvernement me semble le plus juste. Car les chambres monarchiques ont toujours défendu leurs propres intérêts en leur sacrifiant ceux du pauvre ; les chambres républicaines, au contraire, les admettent et les discutent tous.

Le gouvernement du peuple étant le plus juste, *place au peuple !*

— S'il est vrai que *tout ce que la France fait pour son mal tourne à son bien*, on peut croire que la République est aussi bonne que la Monarchie, puisque, selon beaucoup, la République est *une plaie* pour la France. — Charles-Quint ne connaissait pas ce nouveau système de gouvernement.

— Retournant les mots de M. Guizot, nous pouvons dire aujourd'hui (Dieu fasse que ce soit avec raison!) : *La Monarchie ne compte plus parmi les gouvernements sérieux du pays.*

— La République n'a pas été soumise à la sanction du peuple, et c'est là une grande faute commise par le gouvernement provisoire.

Le suffrage universel eût dû servir, avant de donner des représentants, à donner un gouvernement à la France. Ceux qui ont fait le contraire y étaient peut-être intéressés. Et il est étonnant que, depuis que la lave de la révolution est essuyée, les hommes sensés qui ont tenu les rênes de l'Etat n'aient pas pensé à faire proclamer la République par la France entière.

— La nomination de Louis-Napoléon à la présidence n'a pas été une *protestation contre une république*, mais contre *une révolution, contre une émeute continuelle*. Le président a un titre, non un gouvernement. Le peuple n'a accepté ni rejeté la République; il l'a subie. — Il eût fallu consulter sa volonté. — Il le faudra, ou tous les partis auront raison de se dire : Mon gouvernement vaut mieux que le vôtre, je vais semer la discorde pour le faire prospérer.

— La première République française, quoi qu'en ait dit **M**. de Lamartine, et quoique vous vous plaisiez à le répéter, monsieur le Vicomte, n'a pas été qu'*un long assassinat*. Soyez juste, et rejetez un instant les horreurs dont elle s'est souillée. Cherchez le bien qu'elle a enfanté. — Il n'est pas difficile à trouver. Quand ce ne serait que l'abolition du servage, des droits féodaux et de la maitrise. De quel droit, s'il vous plaît, l'homme qui ne faisait rien et qui pouvait se gorger de toutes les richesses, venait-il fouler aux pieds les terres et les moissons du paysan qui les arrosait de ses sueurs? De quel droit pouvait-il exiger obéissance de chaque malheureux qui travaillait à son existence et qui ne lui devait rien? Pourquoi point d'impôts, le plus beau gibier et la jeune épouse au seigneur? Pourquoi le roturier dans l'oubli, et le noble à toutes les hautes fonctions? Pourquoi le travail et la peine pour l'un, la paresse et le bonheur pour l'autre? Cela n'est rien aujourd'hui, que l'ordre des choses a changé. — On ne voit plus ces partialités iniques et mortes heureusement. On ne les reverra jamais.

Et vous regrettez le passage de la première République, et vous pleurez ses fruits comme des calamités, quand ce ne sont que des richesses. Elle a été aveugle et marâtre pour ses fondateurs, douce et bienfaisante pour ses enfants. Aussitôt que le peuple put lever la tête, comme un volcan longtemps comprimé, son génie éclata de toutes parts, et la France, qu'abandonnaient les nobles d'alors qui ne savaient pas mourir pour leur roi, se vit gouverner tout à coup par des hommes qu'elle n'avait jamais vus, et qui savaient la faire respecter de l'univers.

Du temps de la chevalerie, dans des circonstances semblables, les preux eussent ceint l'épée et coiffé le haume, et fait à leur souverain un rempart de leurs cadavres. — Ils étaient alors vraiment nobles. Depuis, le vice avait soufflé sur eux son haleine impure, et les nobles du XVIIe siècle n'avaient pas le cœur et le courage d'un paysan. — Du reste, sous la chevalerie, le peuple était serf plus encore que sous la monarchie efféminée. — Ne regrettons pas ces instants ; qu'ils ne reviennent jamais !

— La République est un tour de main ; personne ne l'ignore. Mais si, au lieu de trembler et de fuir, les hommes sensés s'en fussent emparés et eussent chassé les marchands du temple, elle ne se fût pas égarée dans de mauvais chemins, et aujourd'hui, aux yeux de tous, elle aurait plus d'avenir. Mais, avant tout, le suffrage universel eût dû l'établir.

Si J.-J. Rousseau croyait une république impossible dans un grand État, c'est qu'il n'avait vu que l'enfance d'un tel gouvernement, et M. Lourdoueix s'est trompé en disant que *la République voulait le socialisme*. C'est l'émeute et non la République qui est socialiste. L'honnête ouvrier veut du pain par le travail et non par le vol. Il s'est battu contre le socialisme et a défendu la propriété. Je ne pense pas que les gouvernements se fassent pour les voleurs,

— Avant le 24 février, la majorité de la nation n'était certainement pas républicaine. Mais lorsque le gouvernement a changé, les honnêtes gens se sont ralliés au nouveau parti, non par conviction, qu'importe la forme du gouvernement! mais par amour de l'ordre. Ils y resteront attachés tant que les libertés ne seront pas froissées, tant que la République protégera les choses sacrées.

Pourquoi changer encore? Voulez-vous verser du sang et désoler les familles? La République peut être aussi sage que la Royauté, et n'a pas, comme celle-ci, tous les nobles à protéger et tant d'anciens préjugés dont le peuple est fatigué et dont il ne veut le retour. Car, ne le dissimulez pas, monsieur le Vicomte, si le prince Henri devenait roi de France ou des Français, il s'entourerait encore de toute sa noblesse qui n'aime pas l'odeur du peuple et qui tient à ses parchemins et à ses noms ; les premières dignités et les meilleures places seraient pour elle ; et toutes les belles paroles d'aujourd'hui ne seraient pas alors des actions.

*Le prestige de la Royauté est mort, il ne doit plus y avoir de roi* — et le magistrat qui est à la tête de l'Etat ne doit pas y être parce qu'il est le plus noble de tous, mais le plus homme de bien.

En vérité, en vérité, je vous le dis, monsieur le Vicomte, le prestige de la Royauté n'existe plus, et le prince Henri consentira-t-il jamais à être *le meilleur citoyen de sa nation?* Citoyen!!! Fi donc! diraient les ducs, les marquis et les comtes ; vous confondre avec le peuple !

Tel, avant le 24 février, ne voulait pas de République qui, aujourd'hui, ne voudrait pas de Royauté. Croyez-vous donc que ce soit par goût pour l'un ou pour l'autre gouvernement? Nullement. — Comme je vous l'ai déjà dit, la forme du gouvernement n'est rien, pourvu que le gouvernement soit sage et prévoyant. — Et il faut toujours se rallier au gouvernement établi, pour éviter les ruisseaux de sang.

— Qu'il ne puisse pas exister de République sans démocratie sociale, c'est une erreur. — La meilleure des Républiques sera, non pas celle de Lafayette, mais *celle où les impôts seront ainsi répartis, que l'ouvrier qui gagne en moyenne trois francs par jour, puisse s'apercevoir qu'il en gagne quatre.* Je dis l'ouvrier; car enfin, le peuple, avant tout, c'est l'ouvrier, et comme c'est l'homme qui travaille et qui souffre le plus, c'est vers lui que doit tendre toute la sollicitude du gouvernement. — Et certainement, monsieur le Vicomte, un roi n'est pas nécessaire pour cela. Il faut, au contraire, une paix durable, et si vous venez prêcher la royauté, vous voulez pour longtemps la misère des familles pauvres et une guerre civile qui entraînera après elle la décadence de la nation. Ne le désirez jamais !

Vous dénigrez la République, et pour cela vous allez chercher le temps de la fermentation et de l'émeute.

Croyez-vous donc que l'on renverse un gouvernement comme on en parle? Que ce soit un tour de main ou non, toujours est-il qu'on l'a renversé, et qu'on ne pouvait le faire sans combat.

Que l'on ait imité, singé toutes les folies de l'ancienne République, c'est vrai; que l'on ait fait rire de la nation française, c'est encore vrai. M. Ledru-Rollin a dit, vous le rappelez vous-même, que c'était *pour consolider la chose.* Mais je ne vois pas par où vous avez été chercher *les décrépitudes du crime.*

Je crois que vous auriez voulu : *Le renversement de Louis-Philippe; le passage d'une République de quelques jours; enfin, Henri V.*

Le renversement de Louis-Philippe, parce que, pour vous, un roi-citoyen n'est pas un roi, et, en cela, vous avez raison.

Le passage d'une République pour que les Français en fussent dégoûtés.

Et enfin Henri V, parce que vous ne voulez et n'attendez que lui.

*Espérons, cependant, pour Kossuth, qu'il mourra en paix avant notre vieille République.*

Tout le monde n'a pas proclamé la République ; tout le monde l'a subie.

Après l'événement, certainement préparé, qui est arrivé au ministère des affaires étrangères, quelques hommes, préparés aussi, traversent les rues, semant les torches de la discorde et traînant après eux les cadavres d'innocentes victimes. On bat le rappel, la garde nationale arrive, on se rassemble, on se questionne, on ne sait rien, et les gardes nationaux, qui sont toujours pour défendre quelque chose, défendent les vauriens qui vociférent et qui courent aux armes. Selon la foule, on tire sur le peuple ; c'est une infamie, c'est une horreur, vengeance, vengeance ! On prend les armes, on se bat, etc., etc., etc. ; vous savez le reste.

Et je crois fort que la garde nationale voulut protéger, non la République dont elle ne se doutait point, mais l'ordre qu'elle voulait conserver autant que possible. C'était encore là une journée de dupes.

— La République, permettez-moi de vous le dire, monsieur le Vicomte, la République, née d'émeutes, n'a pas besoin d'émeutes pour vivre. S'il a fallu des combats pour l'établir, il n'en faut plus pour la soutenir; espérons qu'elle n'a plus besoin de se faire des bourrelets avec des boulets. Je ne suis pas aussi incrédule que vous et je ne crois pas son avenir douteux.

— La force morale des Français n'est pas la royauté, mais la sagesse des gouvernements, et si vous soutenez que la France boite, quels sont les vieux nobles que vous lui donnerez pour béquilles ? Qui fera un meilleur gouvernement ? Qui aura de meilleures idées ?

— Si c'est le seul prince Henri, il a le cœur trop élevé et aime trop la France pour ne pas lui communiquer ses bons sentiments et ses pensées régénératrices. Il n'est pas égoïste, il ne laissera pas périr sa patrie s'il peut la sauver.

Donc vous n'avez à nous offrir rien de mieux que ce que nous avons. Restons chez nous.

— Si la première République s'est couverte de crimes, c'est qu'elle savait que pour détruire l'effet, il faut détruire la cause; et, à cette époque, toute autre qu'aujourd'hui, si le roi n'eût pas été guillotiné, la France fût tombée sous le joug de l'étranger. On eût toujours pris la Révolution pour une révolte et on l'eût toujours combattue.

— Ne comparez pas la première République à celle qui existe, qui peut exister aujourd'hui. — Les temps ne sont plus les mêmes, et le peuple n'est plus serf et aveugle. Elle n'a pas, comme vous le dites, *passé sur la France comme le génie de la destruction*, car le bien qu'elle a fait est immense, et si les rois l'ont maudite, les hommes l'ont aimée. Vous regrettez son existence ! Qu'est-ce à dire ? Vous voudriez l'état de choses qui existait encore sous Louis XVI ? Pour vous particulièrement, je le conçois, mais ne soyez pas si égoïste. et avouez qu'aujourd'hui le peuple est beaucoup plus heureux qu'il e l'était alors.

— Contrairement à vous, je soutiens que la République avait le droit et la justice, et que sa force morale consistait en son droit et en la justice de sa cause. Et, selon vous, n'y a-t-il ni droit ni justice à secouer le joug d'une oppression illégitime ?

— Si Napoléon enchaîna la République, et s'il parvint à la détruire, c'est que le peuple, effrayé de sa propre audace, et fatigué d'une fermentation si nouvelle pour lui, baissa la tête et reçut le joug qu'il venait de quitter, mais bien moins lourd cette fois, et dont il ne pouvait déjà se déshabituer.

— Selon vous, Napoléon n'eut qu'une gloire de sang. Monsieur le Vicomte, vous qui soutenez la royauté, vous n'avez pas la vertu des rois, la clémence. Et dans ceux que vous détestez, vous ne cherchez que le mal ; le bien ne vient pas dans la balance. — A part la gloire, Napoléon n'a-t-il donc rien fait pour son pays ? Ah ! souvenez-vous, et un peu moins de haine.

Et Louis XVIII, que vous vanterez sans doute ! qu'a-t-il fait ? Devant un soldat parvenu, lui, roi, descendant de rois, il a eu peur, ô honte ! et a fui comme un voleur qui vient de prendre un trône. Il n'a pas eu le courage d'attendre l'*usurpateur* et de mourir en défendant *ses droits*, puisque, d'après vous, ce sont des droits. *C'était probablement pour éviter une guerre civile?* — Pauvre bonhomme, dors en paix !

Charles X fut et fit peu de chose. — C'est la race décrépite.

Louis-Philippe, général de la République, s'est fait couronner roi, et il est tombé ! Ainsi tombera le président de la République s'il veut se faire nommer empereur. Qu'il ait assez de raison pour n'y jamais penser.

— La monarchie légitime ne meurt pas, dites-vous ? Et avant tout, qu'est-ce que la monarchie légitime ? Celle qui a régné le plus longtemps ? Pourquoi serait-elle légitime ? Je trouve que Napoléon a fait beaucoup plus pour la France que Louis XVI, Louis XVIII et Charles X ensemble. Donc, la branche napoléonienne me semble plus légitime, puisqu'elle a plus de droits à la sympathie de la France. — Mais Louis-Napoléon n'a pas le génie de son oncle ? —

Qu'est-ce qui prouve que le prince Henri en ait davantage ? Il n'a rien fait pour cela, pas même de livres utiles comme en a publié Louis-Napoléon. Donc celui-ci a plus de titres que celui-là.

—L'usurpation n'existe de fait que lorsqu'un prince étranger vient s'emparer d'un Etat qui ne lui appartient pas. — Mais un Français, sans rois pour aïeux, peut être à la tête des Français sans qu'il y ait usurpation.

—Je ne vois pas que *la République soit le crime, et la Royauté l'honneur*. Si la France doit sa grandeur à celle-ci, c'est qu'elle ne connaissait pas d'autre sorte de gouvernement, ou, plutôt, que l'homme n'était pas assez éclairé pour oser secouer le joug de la tyrannie. L'habitude y était pour beaucoup.

— Quand M. de Lamartine dit que *la République est inébranlable, parce qu'elle est cerclée de fer et de feu*, il se trompe fort. Elle n'a besoin pour vivre ni de l'un ni de l'autre, si on la laisse tranquille. M. de Lamartine est plus poëte que politique, et il s'attache à faire des phrases métaphoriques qu'il croit sensées et répétées par tout le monde. Et il se trompe encore.

La République n'a plus peur que de la royauté. Toutes les doctrines exagérées sont tombées dans l'oubli jusqu'à nouvel ordre. — Elle ne mourra qu'écrasée par le trône. — Et alors les guerres civiles ne manqueront pas.

Si c'est à ce prix que le prince Henri veut reconquérir *ses droits*, qu'il arrive, on lui présentera *la pourpre de Néron : le sang n'y paraît pas*.

Mais il glissera bien souvent avant de tenir la couronne ; sous chaque pas il trouvera des caillots de sang.

Selon vous, monsieur le Vicomte, il semblerait que la révolution de 1793 ne fût rien encore en comparaison de celle de février. Je ne sache pas que *celle-ci ait promené,* comme vous le dites, *ses torches incendiaires de nation en nation, qu'elle ait essayé de tout détruire au dehors comme elle avait tout abattu au dedans.*

L'on voit que vous prenez à tâche de souiller la République, et, pour cela, autant en dire un peu plus qu'un peu moins. Le bon peuple le croira ; un peu de mal fait grand bien. Vous y voyez une honte sans mesure, et je n'y en vois aucune. Et je crois que vous êtes le seul qui assimiliez les fondateurs de la République de 1848 à ceux de celle de 1793. Une seule tête a-t-elle roulé sur l'échafaud ?

En vérité, vous ne ménagez pas vos comparaisons.

Un gouvernement révolutionnaire n'est jamais libre, mais un gouvernement républicain peut l'être toujours. Il peut marcher le front haut, sans combats ni bassesses, et *n'a plus besoin de la terreur pour piédestal.*

Les citoyens Cabet et Proudhon sont, *pour nous*, des habitants de la lune ; qu'ils aillent essayer leurs doctrines sur les peuplades sauvages, comme la Brinvilliers essayait ses poisons sur les malades de l'Hôtel-Dieu.

—La République ne s'est pas occupée, comme vous voulez bien le dire, *à renverser les gouvernements étrangers;* elle avait assez à faire pour elle seule ; ses ambassadeurs ont suivi l'élan de leur pays.

—Vous dites que le pays cherche à *se nettoyer.* Et en cela n'a-t-il pas raison ? L'ordre reprend donc ? Et si des abus se sont fait sentir, ils ne continuent pas ; et les injustices, pour une république sage et honnête, sont aussi scandaleuses que pour une monarchie *quelconque.* Les droits y sont aussi bien, sinon mieux respectés.

Vous dites que la République de Lamartine, de Ledru-Rollin, est tombée. A cette époque, ce n'était pas la République, c'était encore la révolution, l'émeute, l'effervescence produite par un grand bouleversement.

—Vous croyez que la France peut vouloir encore *un pouvoir suprême.* Un pouvoir suprême ! Quel est le pouvoir suprême de la France, s'il vous plaît ? Lequel peut-elle avoir, si ce n'est celui de Dieu qui la protége ?

Vous venez ensuite comparer la durée de la République à celle de la royauté, en donnant l'avantage à celle-ci. Ne comparez pas la royauté, mais le temps de l'asservissement de l'homme, et avouez que la République, courte et agitée, fut, malgré tout, plus généreuse pour l'humanité que les siècles entiers de la royauté.

Vous doutez ! Moi, je crois le terrain sous nos pieds assez solide peur nous soutenir longtemps, et l'abri sur nos têtes assez puissant pour nos écarter de nouveaux malheurs.

La fortune s'en va, dites-vous ? Le prince Henri se contenterait-il de 600,000 francs, du double, du triple ? Et comment son règne produirait-il plus de richesses que le gouvernement actuel? C'est son secret ? Monsieur le prince est assez noble pour désirer le bien de son pays, et ne voudrait pas monter sur un trône au milieu de ruines et de dévastations; si tant il est qu'il soit vrai que nous roulions dans l'abîme.

Vos lunettes vous servent sans doute bien mal, pour qu'elles vous fassent voir que *l'eau manque, le sable afflue, la raffale menace et les lions rugissent!!!* M. de Lamartine ne ferait pas de plus belles métaphrores: *Les lions rugissent!!!*

—Vous dites que tout marche: le président, l'assemblée, la constitution, le budget, les ministres, les télégraphes, les armées, les courriers, les flottes, tout marche..... hors le gouvernement. Mais je serais jaloux de savoir qu'est-ce que le gouvernement, si ce n'est tout ce que vous venez d'énumérer. Donc, vous avouez, malgré vous, que le gouvernement marche.

—*La France est une des premières nations de l'Europe, et il faut qu'elle marche avec l'Europe ou que l'Europe marche avec elle.* Je ne vois point du tout pourquoi. Si la France a un gouvernement qui la mène à bien, qu'elle le garde. Si les autres nations ne savent ou ne peuvent s'en accommoder, qu'elles gardent le leur. Chacun protège ses intérêts. L'Amérique a les États-Unis sans que toute l'Amérique soit États-Unis. Elle ne s'en trouve pas plus mal pour cela. Et je ne conçois pas qu'un pays doive, de force ou de gré, accepter le même ordre d'idées et la même ligne de principes que beaucoup d'autres pays. La République, en Europe, n'existe qu'en France, et je ne me suis pas aperçu qu'elle eût amené la guerre et qu'elle n'eût eu de repos en aucun lieu.

—Napoléon étouffa la République et fonda une nouvelle monarchie parce qu'il ne crut pas les Français mûrs pour cette sorte de gouvernement, et qu'il comprit que, fatigués de leurs luttes intestines, ils ne lui feraient aucune résistance, s'il pouvait leur apporter assez de gloire et de puissance pour les épouvanter.

Vous voulez abaisser tous les gouvernements que vous n'aimez pas, et, pour cela, vous appelez à votre secours tous leurs défauts et tous leurs malheurs. Vous ne parlez jamais du bien qu'ils ont laissé après eux. Encore une fois, ce n'est pas généreux. Le prince Henri le serait plus que vous. Il ne faut pas sacrifier la vérité à ses principes. Le messie ne fût pas venu sur terre, si les saints eussent prêché le mensonge.

Le vote universel a été invoqué pour nommer le président de la République.

Si M. le général Cavaignac et M. Ledru-Rollin ne furent pas nommés, c'est que la France les savait associés aux idées de socialisme qu'elle ne voulait accepter. Encore une fois, l'élection de Louis-Napoléon n'a pas été une protestation contre la République, mais contre l'émeute; et, malgré vous, monsieur le Vicomte, ce n'est pas même chose.

— Une présidence de quatre ans est vraiment un malheur. Que ceux qui l'ont votée ainsi étaient insensés! Ne prévoyaient-ils pas qu'à chaque élection ce serait nouvelles discordes et nouvelle suspension d'affaires? la France inquiète et triste? Les représentants annuleront et remplaceront le plus tôt possible cet article de la Constitution qui assure à la France sur quatre ans, deux d'inquiétude. *Le président doit être élu à vie et sans hérédité.* Après lui, les Français choisiront celui qui aura le mieux mérité de la patrie et le nommeront.

Aujourd'hui la royauté, espérons-le, ne reviendra plus, et l'*empire tuerait l'empereur.*

— Si les habitants de Paris, puisque c'est toujours Paris qui agit, ne firent point d'ovation au président de la République, ils eurent raison. Louis-Napoléon était soi-disant républicain et non roi, et sous la République on n'encense pas publiquement les mortels. C'est bon sous la royauté.

— Le président de la République est un homme, un *citoyen* tout comme un autre, chargé de veiller à la chose publique. Ce n'est pas une idole sainte, sainte, trois fois sainte, aux pieds de laquelle on vienne apporter sa bassesse ; c'est un homme auquel le pays a confié ses intérêts ; et si l'on agit ainsi dans la crainte d'une démonstration, on eut encore raison. On avait à craindre, non pas les impérialistes, qui ne sont plus qu'en petit nombre, mais les révolutionnaires des rues et les royalistes, qui eussent pu profiter de l'ébullition de l'époque.

— Que le suffrage universel n'existe pas, si vous le voulez, pour la nomination des représentants, car tous ceux qui sont électeurs ne connaissent pas ceux qu'ils élisent et sont souvent trompés ; qu'il serve au moins à décider les questions qui intéressent chaque habitant de la France, je veux dire chaque Français, comme celle de choisir un gouvernement.

— Mais quel sera votre système d'élection ? Toujours la richesse sur la pauvreté.

— La République peut faire arrêter des représentants *inviolables* qui attentent au gouvernement établi et faire taire les écrivains qui *sèment la rebellion et la discorde dans toutes les classes de la société.* Si, sous la monarchie, vous eussiez écrit pour la République comme vous le faites pour la Royauté, vous eussiez vu certainement votre ouvrage condamné. La République est plus noble et moins peureuse.

— Je ne vois pas ce qu'il y a de terrible dans la plantation des arbres de liberté. — Monsieur le Vicomte, vous voulez effrayer le peuple et lui faire honte de ses actions. Je crois que vous perdez votre peine en servant mal votre roi. Vous prenez la République comme un poison, et c'est peut-être un antidote ; et si son président n'a rien fait encore d'éclatant, il a montré un grand sens pour un homme neuf aux affaires d'un grand État ; il n'a pas commis d'erreur.

— Louis-Napoléon n'avait rien fait pour son pays, mais il portait un nom éclatant et il était exilé. Le prince Henri l'est aussi, et on peut lui faire la même observation. Le prince Louis avait au moins travaillé pour les arts et les sciences, et avait montré un talent militaire. — Et le prince Henri dédaigne-t-il de donner de ces sortes de souvenirs aux Français ?

— M. Proudhon n'est pas, que je sache, une autorité à laquelle on puisse s'arrêter, quand il dit de Louis-Napoléon : Génie médiocre. — Mais vous évoquez tout ce qui peut nuire au gouvernement actuel. Cherchez, cherchez encore, cherchez toujours et écrivez ; mais vraiment, ce sont là de pauvres moyens.

— Vous dites que la valetaille admiratrice de tous les régimes, encense le vainqueur et outrage le vaincu ! Monsieur le Vicomte, êtes-vous, vous qui soutenez la monarchie noble et généreuse, assez noble et généreux pour ne pas insulter au malheur ? Non, et c'est bien mal. Vous avez foulé dans la boue Louis-Philippe. Oh ! s'il vous plaît, respect aux malheureux !

Chacun trouve ses flatteurs, et tout flatteur trouve qui adorer ; car tout flatteur

*Vit aux dépens de celui qui l'écoute ;*

Et si les Sobrier, les Barbès, les Blanqui avaient les leurs, c'est que

*Un sot trouve toujours un plus sot qui l'admire.*

La flatterie n'est pas un vice que les gouvernements puissent détruire ; c'est dans le caractère de l'homme ; qu'y faire ? On encense chaque nouveauté jusqu'à ce qu'elle tombe, et ainsi de suite.

— Le président de la République n'est responsable que de ses propres fautes. Celles de l'Assemblée nationale retombent sur elle seule. — Il peut donner des ordres à l'armée, parce que l'Assemblée peut les rejeter s'ils sont contre le bonheur et la dignité de la nation ; il ne peut en être le chef, parce qu'on veut lui ôter la possibilité de trahir son pays. Vous voudrez, sans aucun doute, que ce soit manque de confiance ; moi, je soutiens que c'est par une prévoyance louable.

Et s'il est magistrat *amovible*, espérons que dans peu l'Assemblée ou la France le rendra *inamovible*.

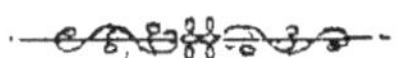

Lorsque le président de la République fut nommé, la France n'avait pas à se reposer sur ses *prospérités*. Trop de partis l'agitaient encore pour qu'elle fût tranquille. Elle ne pouvait se maintenir calme que par un gouvernement qui ramenât l'ordre et le commerce mourant. L'élection du 10 décembre rappela l'un et l'autre, et peu à peu le pays prit un aspect plus uni, plus calme et plus puissant. Il le devait et l'est encore aujourd'hui.

La France ne vit plus au jour le jour. Ce temps de crise est passé.

Il est inutile de combattre la République en invoquant *le droit et la justice*, comme vous le dites, monsieur le Vicomte; car la République, *plus que la Monarchie, a son droit et sa justice.*

Vous citez un passage de Tacite et vous dites : *Une molle complaisance pour les rebelles ne fait qu'augmenter leur audace : plus on leur accorde, plus ils exigent.*

Je ne vois pas où sont *les rebelles*, à moins qu'ils ne soient parmi *ceux qui prêchent la royauté*. Votre citation n'est pas plus de saison aujourd'hui que ce chant :

*Qu'un sang impur abreuve nos sillons ! ! !*

Et je suis donc aussi dans une bien grande erreur, que je ne voie pas non plus la *foudre devant laquelle sommeillent les modérés.*

A vous entendre, on dirait que la France est encore à feu et à sang et que le désordre le plus complet continue.

Ne semez pas ces idées ; c'est inutile. Elles ne prennent plus.

Les montagnards, à l'Assemblée, constituent le parti le plus bruyant de la chambre ; mais ils ont cela de bon, qu'ils veulent les intérêts du peuple et qu'ils renferment dans leur sein des hommes qui possèdent, sinon le langage et les manières parfumés, au moins la parole et le courage libres, et qui, s'ils ne sont pas flattés, ne sont pas flatteurs.

La droite et la gauche de la chambre sont trop extrémités. L'intérêt de la France devrait les rapprocher et fondre leurs sentiments pour un même but. Mais, je vous le dis, elles sont trop extrémités. Elles s'aiment peu et s'injurient chaque jour. L'Assemblée devient forum, et l'on s'y dit une foule de gracieusetés qui ne devraient pas sortir de la bouche des représentants. Bientôt ils n'y viendront plus qu'avec *les burettes de l'abbé Maury* dans leurs poches, et que sera-ce alors !

Et tout cela, parce qu'il y a un parti au nom duquel M. Léo de Laborde ose dire *qu'il maudira éternellement la République et qu'il ne laissera pas attaquer la monarchie,* et que les membres de ce parti attaquent celle-là dans tous ses détails et l'insultent au besoin.

Les représentants n'ont pas cette dignité calme et imposante qui doit distinguer les représentants d'une grande nation. Au lieu de tranquilliser la France par leur uuion, ils s'appellent factieux, brigands, et parlent de combats, de guillotine à qui mieux mieux, et toujours parce que le parti légitimiste vient entraver la marche des choses. Je sais que c'est son intérêt et qu'il le fait par calcul ; mais qu'il prenne garde, la royauté n'est pas encore aux Tuilleries.

Ils devraient, cependant, prendre leurs mesures de manière à ne pas toujours jeter des noms *nobles* contre le peuple. Messieurs de, du, de la, des, viennent toujours s'opposer à la République, et jamais un pauvre petit nom privé de particule. Vous savez que cela produit un mauvais effet et sépare trop les hommes. Jouez donc mieux votre rôle, et ne jetez pas toujours au nez du public des noms allongés qui ne se frottent qu'à la flatterie et au trône.

Les vieux parchemins sont mangés par les vers et les arbres généalogiques sont morts pour le peuple. Ce sont choses absurdes que vous devriez laisser dans l'oubli. On ne doit pas mesurer l'illustration de son nom *par les générations qu'il a vues,* mais *par les services qui s'y rattachent.* Vous êtes encore trop entichés de vos principes aristocratiques. Vous aimeriez mieux, non pas mourir, mais fuir que de les perdre.

Si les défenseurs de la monarchie, à la chambre, avaient un peu plus de courage, ils monteraient à la tribune et oseraient renier la République comme étant un gouvernement imposé, non accepté. Ils oseraient, s'ils le pouvaient, en faire ressortir *les horreurs* à côté de *la douceur* d'un gouvernement monarchique. Ils oseraient enfin s'y opposer ouvertement et franchement comme des gens d'honneur, au lieu d'engendrer la dissension intestine par leur lâcheté. Mais les nobles de l'Assemblée ne sont nobles que de nom. Croyez bien, monsieur le Vicomte, que si le parti légitimiste n'a que ces défenseurs, il pourra longtemps gémir en exil.

Vous décriez les montagnards et vous dites qu'ils veulent la guillotine. Non, ils ne la désirent pas, ils ne l'auront pas. S'ils ont une opinion si *rouge,* comme on l'appelle, c'est qu'ils sentent l'opposition qu'on fait à leur parti, et que s'ils faiblissaient, ils tomberaient.

Que les royalistes acceptent franchement la République, ce qu'ils ne font pas, et les montagnards seront des républicains fort calmes qui ne voudront que la tranquillité de l'État. Ils vous paraissent ce que vous leur paraissez.

Les affaires de juin 1848 ont proclamé le triomphe de la République honnête sur la République sanglante ; celles de juin 1849 n'ont été qu'un coup de main tenté par des gens aveugles conduits borgnes ou par des misérables.

*Après avoir fait des révolutions, les États de l'Europe les détruisent*, dites-vous, *et Rome, après avoir ouvert ses portes à nos braves soldats, s'est débarrassée de ses Spartacus de bagne.*

C'est une dérision amère, monsieur le Vicomte ; Rome n'a pas *ouvert ses portes* ; *on les a ouvertes à coups de canon*, et Rome, la première et la plus belle République du monde, n'a succombé, de tout temps, que sous la force brutale. C'est absolument comme lorsque M. de Sébastiani écrivait : *L'ordre règne à Varsovie ! ! !*

Elle a chassé un pape et ce fut une grande faute ! Le Saint-Père avait prêché lui-même l'émancipation des peuples, et, avant tout, il était le père de l'Eglise. Adorons Dieu et respectons ses ministres.

Si les Républicains ne meurent pas pour la République, ce qui est faux, les royalistes, non plus qu'eux, ne meurent pour la royauté ; ils n'osent même pas la défendre au grand jour.

La République a commencé par une régénération populaire, mais ne finira pas par la *déroute*. Soyez-en sûr.

Si le monde entier s'est ressenti de la révolution française, c'est que les peuples éprouvaient le besoin de secouer le joug qui les abâtardissait. Cette fois encore ils ont succombé ; qu'ils espèrent, l'avenir les attend !

Il est deux grandes opinions en France, dites-vous ; ce n'est que trop vrai.

Mais je ne sache pas en quoi l'opinion légitimiste, qui en est une, *relèverait l'édifice social en le raffermissant sur ses bases, et* en quoi *elle a la foi politique qui triomphe et qui sauve.*

C'était bon du temps de saint Louis ; mais aujourd'hni !

Et ceux qui, en France, défendent cette opinion, n'ont pas le courage de se *remuer, d'agir* ; ils se cachent, ils ont peur. Et pourquoi ? Le peuple a-t-il donc choisi son gouvernement ? S'ils croient le leur bon, qu'ils le proposent, le suffrage universel décidera.

L'opinion républicaine, *qui n'a pas que des adorateurs de la guillotine pour partisans,* car ceux-ci sont en petit nombre, l'opinion républicaine ne veut pas *sacrifier de générations*. Ceux qui ont été assez insensés pour prononcer ces paroles sont aujourd'hui perdus dans le nombre des fous et pensent mieux. Les massacres sont toujours nuisibles aux nations ; et qui donc aujourd'hui parle de massacres ?

En vérité, monsieur le Vicomte, vous n'êtes plus de ce siècle, et vous avez sous les yeux la guillotine de 93.

Deux opinions secondaires existent encore, mais presque nulles.

L'orléanisme, qui, rabougri, soupire, succombe et meurt. Il ne peut plus donner à la France que les braves exilés qui la défendirent et qui devraient pouvoir reprendre leurs rangs dans l'armée, sous le serment de fidélité à la République. Plus d'espérance de royauté pour eux ; ils y ont depuis longtemps renoncé. Et vous avez vu, apparemment dans un verre grossissant, que ce parti s'était *appuyé sur la négation de tout droit, sur le crime et la licence.*

Ne soyez plus inquiet ; ne l'outragez plus : c'est un mort. Ce n'est pas généreux de votre part de lui prodiguer vos injures ; vous n'en parliez pas ainsi de son vivant.

Le bonapartisme, qui, selon vous, aspire à l'Empire, n'est qu'une ombre qu'on n'aperçoit que dans les têtes folles et dont on ne touchera jamais la réalité. Qu'il y ait une présidence à vie, c'est bien ; elle est nécessaire, indispensable à la tranquillité de la France. Mais un consul, mais un empereur, jamais ! Quand l'homme touchera la dignité, il mourra. *Le perroquet* meurt quand il mange le persil qu'il aime. César, aimé et admiré général, fut poignardé empereur.

*La France est monarchique ou républicaine ; elle est aujourd'hui républicaine ; mais si on la consulte, ne repoussera-t-elle pas la République pour embrasser la monarchie ?*

Non, la France ne veut pas de la monarchie , parce qu'aujourd'hui la monarchie est une vieille femme usée par ses vieux principes, et caressée encore par la noblesse plaquée de croix et ficelée de cordons. Elle n'en veut pas, car, en l'acceptant, elle subira de nouveau les oppressions pour lesquelles elle a versé son sang, et les institutions républicaines qu'elle veut conserver seront détruites par la volonté d'une monarchie aristocratique dont elle a été trop longtemps fatiguée.

Quand la majorité de la Chambre a reconnu que le prince Henri ne pouvait rentrer en France comme *simple citoyen*, elle n'avouait pas par là son droit au trône ; elle voulait qu'il ne pût venir semer la discorde, ce qu'elle craignait et ce que les partisans du prince n'auraient pas manqué, ne manquent pas de faire, et en cela elle eut raison. Pourquoi, par une générosité criminelle, protéger le malheur du pays?

Le prince Henri a de mauvais amis. Certainement, il ne conseille pas le mal que ses flatteurs font à la France. Il a l'âme assez élevée pour attendre patiemment que la patrie l'appelle, si la patrie le veut.

La République est née à Paris, où naissent tous les nouveaux gouvernements. Si les provinces ne veulent pas de République, elles ont une grande lâcheté ou une grande faiblesse dans le cœur. Que ce soit faiblesse ou lâcheté, c'est un crime.

Elles sont lâches; car si la France veut une République, elles doivent, comme sœurs de Paris, venir en aide à la capitale et la soutenir à la face du monde dans ses idées nouvelles.

Elles sont faibles, car si la France veut une royauté, elles n'ont pas le courage de venir toutes lui dire : Nous voulons un roi ! Tes discordes ont suspendu le bonheur de la France et fait crouler nos fortunes. Tu viens de perdre tes enfants et tes jours pour fonder un gouvernement qui tremble; nous n'en voulons pas; nous sommes la majorité de la France, nous venons te dicter des lois.

Mais Paris pourrait leur répondre : Je subis la loi de la force, non celle de la raison. Lorsque j'ai abattu le gouvernement monarchique, êtes-vous venues, mes sœurs, êtes-vous venues me dire que j'agissais follement? Avez-vous protesté, même par écrit, contre l'acte dont j'assumais seule toute la responsabilité? Non, vous n'avez rien fait. Vous avez gardé un silence coupable, criminel. Un silence, dis-je, je me trompe. Plusieurs d'entre vous êtes venues me féliciter, et toutes avez fêté mon courage. Pourquoi donc cet aveuglement? Pourquoi venir aujourd'hui m'accuser et me punir, complices de mon crime, s'il est un crime? Vous espériez, n'est-ce pas ? qu'un gouvernement reçu en France depuis des siècles, serait tout-à-coup renversé et que le gouvernement du peuple viendrait s'établir sans embûches ni secousses? Ignorantes! Vous croyiez donc qu'un parti qui a trôné si longtemps, qui a des rejetons et qui espère, vous croyiez que ce parti accepterait bonnement le peuple pour souverain et qu'il deviendrait muet et inactif? Insensées! Vous vous étonnez qu'un gouvernement républicain tremble un peu plus qu'un gouvernement de vingt siècles, et que vous ayez pu vivre jusqu'à ce jour avec la stagnation qui existe encore ! Vous vous plaignez ! Oh ! vous ne savez pas souffrir! Si vous saviez toutes les misères que je renferme, vous seriez confuses de vos plaintes mêmes. Si vos yeux pouvaient voir toutes les infortunes cachées qui gémissent en silence, vous seriez honteuses de votre pâleur. Votre union vous rend puissantes; mais donnez-moi, si vous le pouvez, donnez-moi le coup mortel. Détruisez la ville et ses habitants, et ne laissez survivre que ses monuments pour que les générations futures, étonnées devant les débris de la gloire de cette grande cité, puissent dire un jour : *Ici sont morts les petits-fils de Lacédémone !*

En effet, les provinces, devant ce grand acte, sont restées inactives; et n'ont-elles pas, plus encore que Paris, leur part dans ce qu'elles appellent ce tour de main? Que ne sont-elles venues au mois de février, terribles par leur force, dire à la révolution, comme la mort dit à l'homme : *Tu t'arrêteras et tu n'iras pas plus loin? Usque huc venies, nec procedes amplius !* — Que ne viennent-elles même aujourd'hui !

C'est qu'elles sont républicaines ou qu'elles ont peur de leur opinion.

Lorsqu'un peuple veut faire croître et répandre la liberté, il semble juste que, pour la défendre, il ne nomme pas des hommes qui ne l'ont jamais aimée que pour eux-mêmes, et qui, au contraire, la redoutent avec terreur dans les classes auxquelles ils n'appartiennent pas.

Toutes les opinions ne doivent-elles donc pas être représentées?

Non.—Si vous voulez une république franche et libre, qu'avez-vous besoin pour l'établir d'hommes qui s'y opposeront continuellement? Qu'ils soient en minorité, peu importe. Ils fomentent des discordes qui semblent de peu d'importance, mais qui sont terribles par les dissensions et les retards qu'elles entraînent. Ce n'est pas l'empereur de Russie qui protégera la liberté, ce ne sont pas les royalistes qui défendront la République. Quand vous avez un membre malade, le négligez-vous dans l'espérance que la partie saine de votre corps le guérira? — Nullement. Vous lesoignez ou le coupez de peur qu'il ne communique aux autres membres la maladie dont il a le venin. *Les représentants royalistes sont pour la République des membres gangrenés.*

Croyez-moi , pour faire une république sage, il n'est aucun besoin d'une assemblée qui représente tous les partis. Si vous voulez un gouvernement républicain, ne nommez pas, même en minime quantité, des représentants royalistes. Si la majorité de la France veut la République, conduisez la République ; mais ne venez pas l'entraver dans sa course en lui jetant dans les jambes de *vieux bâtons* , qu'elle brisera. — Ne faut-il pas qu'elle perde du temps pour les rompre? et le temps fuit, irréparable ! Pourquoi, au milieu des défenseurs du peuple, des défenseurs du roi? Avez-vous déjà vu des royalistes amants de la République? Il serait bizarre de voir une telle chose. Impossible de la croire; un contre-sens.

Les provinces sont bien folles, vraiment, d'envoyer à l'Assemblée nationale des hommes qu'elles savent d'un parti opposé à celui qui gouverne. — Est-ce par ignorance ou par protestation?

Si elles ne connaissent pas les citoyens qu'elles élisent, c'est une faute grave que de les nommer. Si c'est pour protester, c'est un crime d'agir de la sorte. — Dans le premier cas, il vaut mieux choisir un honnête ouvrier qu'un homme suspect. — Dans le second, c'est une naïveté infâme. — Ce n'est pas en jetant quelques pierres devant un torrent que vous l'arrêterez. Vous ne ferez que l'embarrasser un instant pour rendre sa course plus entraînante encore!

Si les rois avaient pu faire écouter leurs propres sentiments et faire exécuter leurs propres désirs, je doute fort que la royauté fût morte en France.

Les rois de France, en général, et surtout ceux de la branche des Bourbons, ont eu un cœur noble, une âme élevée et de grands sentiments. Si les derniers ont glissé de leur trône, c'est qu'ils ont été mal servis par leurs flatteurs, qui se disaient leurs amis, ou par leurs amis qu'ils croyaient bons conseillers. Les Bourbons eussent été toujours aimés du peuple, s'ils n'eussent été aveuglés par leur cour, pénétrée de principes ridicules qu'elle ne voulait pas abandonner. Je suis persuadé que s'il était possible au prince Henri d'étouffer les dissensions que l'on sème en France pour sa cause, je suis persuadé qu'il les détruirait à l'instant. S'il a bon droit, il ne recourra pas à de basses menées pour faire aimer un nom qu'il veut conserver sans tache.

Mais je crois bien aussi et j'espère que le proscrit ne rentrera jamais roi dans son pays. Qu'il renonce à l'héritage de ses pères. Que lui importent le sceptre et le manteau royal ! Qu'il rentre en France homme de bien, et la patrie ouvrira ses bras au simple citoyen, non au fantôme couronné.

Il doit verser des larmes bien amères loin de la terre qui le vit naître. Pauvre jeune homme ! Le courage et la clémence sont vertus royales. Qu'elles vous soutiennent ! Mais, de grâce, renoncez à la couronne pour venir aimer ceux qui vous aiment, ceux qui voudraient ne plus vous voir entouré de fausses doctrines vivantes. Le peuple est un peu moins poli que vos *nobles*, mais il a le cœur bien meilleur , et son amour franc et loyal est plus aimable que le baiser de Judas de vos courtisans, qui, égoïstes , pensent plus à leur intérêt qu'au vôtre.

Des ouvriers vont vous voir. Ils vous quittent pleins de votre amour et de votre pensée. Ils vous désirent, mais ils désirent en vous l'homme de bien, non le monarque. Ils aiment votre bonté ; ils détesteraient votre puissance.

—Le gouvernement actuel a donc encore deux grandes questions à résoudre :

1° Se soumettre au suffrage universel pour savoir si le vœu de la nation est pour la République ;

2° Faire élire son président à vie pour éviter, tous les quatre ans, les discordes et les troubles.

En ne donnant à la présidence que quatre années de durée, l'Assemblée a voulu laisser à la France le droit de changer le président de la République lorsque ce magistrat aura mal géré les affaires de l'Etat ; mais elle n'a pas fait balancer les inquiétudes mortelles qui en seront l'effet, et l'Assemblée ne peut-elle pas, au nom du peuple, voter la chute de ce magistrat incapable ou traître à la patrie ?